Género Biografí

Pregunta esencial

¿Cómo podemos transformar las palabras en acciones?

Policarpa Salavarrieta

Marcela Villegas-Gómez
ilustrado por Cristian Mallea

Introducción

Policarpa Salavarrieta vivió en el siglo XIX en el Nuevo Reino de Granada. Esta era una de las **colonias** americanas gobernadas por el rey de España. Los **granadinos** estaban descontentos porque el gobierno del rey era injusto. Había mucha desigualdad entre españoles y granadinos. Querían una sociedad donde fueran libres y pudieran gobernarse sin depender de nadie.

A finales del siglo XVIII, ocurrieron importantes revoluciones en el mundo. Se hablaba y se escribía sobre la libertad.

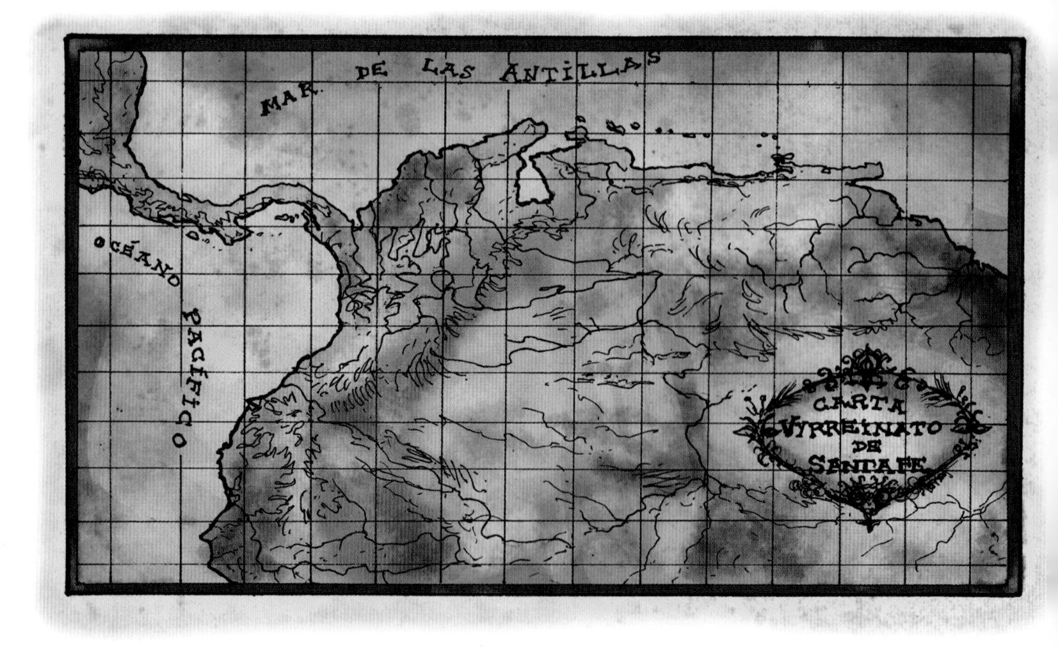

El Nuevo Reino de Granada estaba formado por los países que hoy conocemos como Panamá, Colombia, Venezuela y Ecuador.

Estas ideas revolucionarias entusiasmaron a la población granadina. La libertad requería trabajar con esfuerzo. Los granadinos se enfrentaron a los ejércitos del rey español en una larga guerra. En esta lucha por la **independencia**, muchas personas se convirtieron en aliadas.

Policarpa Salavarrieta fue una valiente muchacha, una **criolla** ejemplar que ayudó a su patria en la lucha para conseguir la libertad. Era conocida como la Pola.

Policarpa Salavarrieta, mejor conocida como la Pola.

Capítulo 1

La niñez de la Pola

Se cree que Policarpa Salavarrieta nació en 1796, en Guaduas (pequeña población cercana a Bogotá, la capital de Colombia). Tuvo ocho hermanos. Su padre, Joaquín Salavarrieta, era agricultor y comerciante. Su madre, Mariana Ríos, era ama de casa.

Cuando Policarpa tenía dos años, la familia se fue a vivir a Santafé, la capital del Nuevo Reino de Granada. Desafortunadamente, en 1802, tras una epidemia de viruela, enfermedad mortal en esa época, murieron sus padres y dos de sus hermanos.

La familia quedó destrozada y se disolvió. Los hermanos mayores de Policarpa decidieron irse a hacer sus vidas a diferentes lugares del país.

La Pola, su hermana Catarina y su hermano menor, Bibiano.

La Pola era muy inteligente, aprendió a leer y escribir con mucha rapidez.

Entonces Catarina, la mayor, se hizo cargo de la Pola y de Bibiano, su hermano menor.

Los tres hermanos regresaron a Guaduas. Fueron a vivir a la casa de Margarita Beltrán, una amiga de la familia.

En ese tiempo se consideraba que las niñas solo necesitaban aprender a cocinar y a coser. Pero Margarita convenció a los directores de la escuela para que le enseñaran a leer y a escribir a la Pola. Así aprendería otras cosas que le resultarían muy útiles para el futuro.

A los nueve años la Pola ya sabía leer y escribir. Era una de las pocas niñas que lo hacía. Esto le permitió aprender muchas otras cosas, entre ellas, tocar la guitarra y cantar.

La Pola escuchaba con interés las historias sobre las luchas contra el mandato español.

Margarita Beltrán, quien también apoyaba a los patriotas, le contaba a la Pola lo sucedido en luchas anteriores contra el mandato español. El resultado de estas luchas no había sido positivo. Por el contrario, los españoles traicionaron a los criollos engañándolos y sometiéndolos con más impuestos, malos tratos y castigos crueles.

Su padre, Joaquín Salavarrieta, participó en una de esas luchas por la igualdad, la justicia y el buen trato. Posiblemente, estas historias llamaron mucho la atención de la Pola cuando era niña.

Con el fin de conseguir dinero, su hermana Catarina había convertido la casa de sus padres en una **posada**.

Allí, la Pola, ya adolescente, escuchaba los relatos de los **huéspedes**. Ellos le contaban algunos acontecimientos del Nuevo Reino de Granada y del mundo. De esta forma se enteró de la independencia de Estados Unidos y de la Revolución francesa.

Entre todas las noticias, hubo una que llamó su atención: el arresto del granadino Antonio Nariño. Su delito había sido traducir y publicar la Declaración de los Derechos del Hombre y del Ciudadano al español. Lo hizo para que todos los que pudieran leer conocieran este importante documento y divulgaran su contenido.

La Declaración de los Derechos del Hombre y del Ciudadano es un importante documento de la Revolución francesa. Afirma que todas las personas son iguales y tienen los mismos derechos: la libertad, la propiedad, la seguridad y oponerse a la tiranía.

La traducción de esta declaración, que fue hecha por Antonio Nariño, se publicó en secreto en el Nuevo Reino de Granada. Muchas personas la leyeron y reconocieron que debían luchar por sus derechos.

Capítulo 2

Vientos de libertad

En la posada, la Pola ayudaba a su hermana Catarina con las labores, como cocinar o a hacer las compras necesarias. Aprendió a coser vestidos y también fue profesora. Dio clases de lectura y escritura a algunos niños de Guaduas.

En 1808 conoció a Alejo Sabaraín. La Pola y Alejo consideraban que era necesario oponerse a los abusos del gobierno español. Lo mismo pensaba el esposo de Catarina. Así que entre los tres pasaban tardes enteras debatiendo sobre el destino de la patria, quiénes eran los que encabezaban las luchas y cómo ayudarían para encontrar la libertad. Además, siempre estaban pendientes de las noticias que los huéspedes llevaban a la posada y de lo que decían los periódicos oficiales.

Detective del lenguaje

El verbo subrayado es un verbo regular en pasado imperfecto. Busca otros verbos regulares en pasado imperfecto en esta página.

Las ideas libertarias prosperaban y se propagaban. Eran cada vez más fuertes.

El 20 de julio de 1810, un grupo de personas se rebeló en Santafé. Este hecho se conoció como el grito de Independencia. El representante del rey salió huyendo. Los granadinos formaron un gobierno de emergencia. Este fue el comienzo de una larga lucha.

Muchos jóvenes adolescentes y adultos se unieron al ejército libertador. Entre ellos estaban Alejo Sabaraín y el esposo de Catarina.

La Pola deseaba unirse a las tropas libertadoras, pero la convencieron de que se quedara con Catarina por los peligros que correría si entraba al ejército.

Los soldados que luchaban contra el ejército del rey se llamaban patriotas.

Capítulo 3

La mensajera

Después del 20 de julio de 1810, las luchas se intensificaron. Aunque los granadinos lograron el retiro de los españoles, surgieron dos problemas:

1. Inició el conflicto entre los que querían un **gobierno central** y los que querían un **gobierno federal**.
2. Se fortaleció el grupo de criollos y españoles, los **realistas**, seguidores del gobierno del rey español.

Cuando los federalistas y los centralistas vieron la fuerza de los realistas y que el ejército español retornaba, se unieron y lucharon contra los seguidores del rey y su ejército. Si los españoles regresaban, volverían los tratos crueles. Así se formó el **ejército patriota**.

Poco antes, la Pola se enteró de las luchas en Santafé. En 1812 viajó a Santafé a apoyar el ejército que luchaba por la libertad. Trabajó de costurera porque, por ser mujer, no podía pelear en el ejército. Pero su trabajo era más que eso...

Al trabajar como costurera, la Pola se ganó la confianza de varias familias españolas de Santafé.

La Pola le llevaba información al ejército patriota para luchar contra los realistas.

Se dedicó a obtener la mayor cantidad de información posible, mientras trabajaba como costurera en las casas de los españoles o de los criollos aliados con los españoles. La Pola tenía un punto a su favor: no sospecharían de ella porque muy pocas mujeres sabían leer y escribir.

Como ella conocía a los hombres del ejército patriota, le era fácil enviarles información confidencial.

Mientras tanto, los seguidores del rey se fortalecían. En julio de 1815, pasó lo que los patriotas temían: España reconquistó los territorios perdidos. Lo hizo de nuevo con gran fuerza, abusos y crueldades.

La situación de los patriotas era cada vez más peligrosa. La Pola decidió regresar a Guaduas mientras el ambiente se calmaba un poco. En 1817 volvió a vivir en Santafé, con su hermano Bibiano.

El sueño de un país libre parecía desvanecerse en las fuertes manos de los realistas. Pero, ¡no era hora de dejar la lucha!

La Pola organizó una red que apoyaba a las personas que luchaban por la libertad. Enviaba noticias a los patriotas. Conseguía dinero, comida y uniformes. Ayudaba a ubicar nuevos soldados para el ejército libertador. En pocas palabras, colaboraba en todo lo que podía con el ejército patriota. Era un soldado más.

La Pola conocía bien la ciudad y a muchas familias ibero-americanas importantes. Eso le facilitaba conseguir información.

Detective del lenguaje	Busca una palabra compuesta con guion en esta página.

Vivía oculta en la casa de una señora amiga. De allí salía con prisa cuando oscurecía a reunirse con los soldados del ejército patriota. En estos encuentros, ella les entregaba la información recopilada.

Sin embargo, los realistas se enteraron de su doble trabajo: costurera e informante del ejército patriota. Así que una noche siguieron a su hermano Bibiano cuando iba a reunirse con ella y la capturaron. Ese día, el ejército libertador perdió una de sus fichas claves.

Conclusión

La Pola dio un discurso. Pidió a las personas que fueran valientes y se opusieran a los realistas:

> *Pueblo indolente, cuán diversa sería tu suerte si conocieras el precio de la libertad. Mira que, aunque mujer y joven, me sobra valor para sufrir [...]. No olviden este ejemplo.*

Su discurso impulsó a muchas personas a unirse y a luchar por la independencia. Los patriotas siguieron peleando y ganaron. La recompensa de la lucha de hombres y mujeres valientes y arriesgados, como la Pola, fue la proclamación de la independencia de la República de Colombia. Este acontecimiento histórico sucedió el 19 de agosto de 1820.

Resumir

Usa los detalles más importantes de *Policarpa Salavarrieta* para resumir el relato. Puedes usar el organizador gráfico como ayuda.

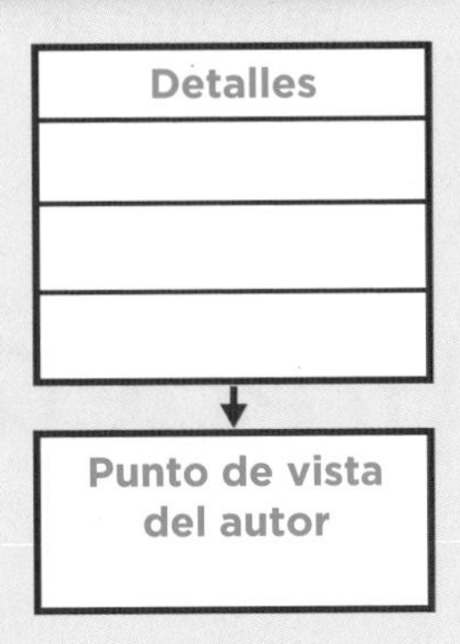

Evidencia en el texto

1. ¿Cómo sabes que *Policarpa Salavarrieta* es una biografía? Identifica dos características que te ayuden a determinarlo. GÉNERO

2. ¿Cuál es el punto de vista de la autora sobre la Pola? Usa evidencia del texto que sustente tu respuesta. PUNTO DE VISTA DEL AUTOR

3. ¿Cuál es el sufijo de *agricultor* en la página 4? ¿Qué significa? SUFIJOS GRIEGOS Y LATINOS

4. Escribe acerca de cómo hubiera sido el proceso de independencia sin la ayuda de la Pola. ESCRIBIR SOBRE LA LECTURA

Género Texto expositivo

Compara los textos

Lee sobre un viaje que cambió las ideas de las personas acerca de las mujeres y los viajes.

Alrededor del mundo

La idea del famoso viaje de Nellie Bly provino de un "bloqueo de escritura". Se le habían acabado las ideas. Bly tenía que escribir una historia semanal. Trabajaba para el *New York World.* Una semana pensó:

¡Quisiera estar al otro lado del mundo!
(La vuelta al mundo en 72 días, página 2)

Después tuvo una idea. Superaría la marca de 80 días. Esta fue impuesta en *La vuelta al mundo en 80 días*. Aunque era difícil planear un viaje así de largo, Bly no lo dudó.

Siempre he tenido confianza en que nada es imposible. Solo debemos invertir cierta cantidad de energía en la dirección correcta [...] Si queremos que los demás hagan un buen trabajo, o deseamos realizar algo por nuestro propio esfuerzo, de nada servirá dudar del resultado de nuestro empeño.
(La vuelta al mundo en 72 días, página 3)

El viaje de Bly no comenzó bien, pues se mareó. Después, se encontró en París con Julio Verne. Él era el autor de *La vuelta al mundo en 80 días.* Conversaron y ella descubrió que las ideas grandiosas se pueden encontrar en lugares sorprendentes. Por ejemplo, a Verne se le ocurrió la idea de su libro leyendo una historia en el periódico.

> *La saqué de un periódico [...] Tomé una copia [...] allí encontré una discusión. Unos cálculos que mostraban que era posible hacer el viaje alrededor del mundo en 80 días.*
> *(La vuelta al mundo en 72 días, página 22)*

Bly completó su vuelta al mundo en solo 72 días.

Bly sabía que debía viajar rápidamente. No quería quedarse atrás.

Mi único deseo (en Hong Kong) era [...] saber a qué hora podía salir más temprano hacia Japón, para continuar mi carrera contra reloj alrededor del mundo.
(La vuelta al mundo en 72 días, página 74)

Bly siempre encontró tiempo para mirar a su alrededor. Escribió acerca de las calles y la gente. También hizo observaciones sobre el modo de vida en cada lugar que visitó.

Los niños japoneses no se parecen a otros niños que haya visto jugar. Ellos siempre se ven contentos. Nunca parecen pelear o llorar.
(La vuelta al mundo en 72 días, página 97)

Bly tuvo algunos retrasos. Sin embargo, logró llegar de vuelta a Estados Unidos en menos de 80 días. ¡Bly demostró que una mujer podía viajar sola y en tiempo récord!

Haz conexiones

¿Cómo cambió el viaje de Nellie Bly las ideas sobre los viajes de las mujeres? **PREGUNTA ESENCIAL**

¿En qué se parece la vida de Policarpa Salavarrieta a la de Nellie Bly? **EL TEXTO Y OTROS TEXTOS**

Glosario

gobierno central sistema de gobierno que desde el centro dirige la totalidad de los estados ***(página 10)***

colonia territorio ocupado y gobernado por otro país ***(página 2)***

criollo persona de origen europeo nacida en las colonias españolas de América ***(página 3)***

gobierno federal sistema de gobierno en el que cada federación (estado) se gobierna de manera autónoma e independiente ***(página 10)***

granadino persona nacida en el Nuevo Reino de Granada ***(páginas 2, 3, 7, 10)***

huésped persona que se queda en un hotel o posada ***(página 7)***

realista persona que apoya al rey español ***(páginas 10, 12, 13, 14)***

Índice

Enfoque:

Estudios Sociales

Propósito Aprender las diferencias entre fuentes primarias y secundarias.

Procedimiento

Paso 1 Con un compañero, una compañera o en un grupo pequeño, hagan una lista de las cosas de este libro que provienen de fuentes primarias.

Paso 2 Comenten la lista. ¿Cómo saben si la información proviene de una fuente primaria o de una secundaria?

Paso 3 Hagan un cartel que ayude a otros estudiantes a entender las diferencias entre una fuente primaria y una secundaria. Incluyan las características de cada una. Señalen cuándo se puede usar cada tipo de fuente.